LA

RESPONSABILITÉ CIVILE

RELATIVE AUX

ACCIDENTS D'AUTOMOBILES

PAR

ALBERT WAHL

PROFESSEUR AGRÉGÉ A LA FACULTÉ DE DROIT
DE L'UNIVERSITÉ DE PARIS

DOYEN HONORAIRE DE LA FACULTÉ DE DROIT
DE L'UNIVERSITÉ DE LILLE

———

(Extrait de la *Revue trimestrielle de droit civil*, n° 1, 1908)

———

LIBRAIRIE

DE LA SOCIÉTÉ DU RECUEIL J.-B. SIREY ET DU JOURNAL DU PALAIS

Ancienne Maison L. LAROSE & FORCEL

22, rue Soufflot, PARIS, 5e arrond.

L. LAROSE & L. TENIN, Directeurs

—

1908

LA
RESPONSABILITÉ CIVILE

RELATIVE AUX

ACCIDENTS D'AUTOMOBILES

IMPRIMERIE
CONTANT-LAGUERRE

BAR-LE-DUC

LA
RESPONSABILITÉ CIVILE

RELATIVE AUX

ACCIDENTS D'AUTOMOBILES

PAR

ALBERT WAHL

PROFESSEUR AGRÉGÉ A LA FACULTÉ DE DROIT
DE L'UNIVERSITÉ DE PARIS

DOYEN HONORAIRE DE LA FACULTÉ DE DROIT
DE L'UNIVERSITÉ DE LILLE

(Extrait de la *Revue trimestrielle de droit civil*, n° 1, 1908)

LIBRAIRIE

DE LA SOCIÉTÉ DU RECUEIL J.-B. SIREY ET DU JOURNAL DU PALAIS

Ancienne Maison L. LAROSE & FORCEL

22, rue Soufflot, PARIS, 5ᵉ arrond.

L. LAROSE & L. TENIN, Directeurs

1908

LA

RESPONSABILITÉ CIVILE

RELATIVE AUX

ACCIDENTS D'AUTOMOBILES

I

1. — L'opinion publique et le Parlement discutent vivement depuis quelques mois la question de savoir s'il y a lieu ou non de voter sur la responsabilité civile des automobilistes une législation spéciale. Le rapport dont M. Ambroise Colin a donné connaissance à la *Société d'études législatives*, et les débats qui ont suivi ce rapport, sont intervenus à point pour fournir un corps à ces préoccupations et pour canaliser les aspirations qui s'étaient fait jour sans se préciser. Il est indéniable — les propositions déjà nombreuses qui ont été déposées au Parlement et l'engagement qu'a pris le ministre des Travaux publics de présenter à la Chambre un projet de loi en sont la preuve — que la jurisprudence ne satisfait pas à cet égard complètement les vœux de l'opinion. Cette jurisprudence, en présence de l'interprétation qui, jusqu'à présent, a été donnée aux textes sur la responsabilité civile, est-elle fondée ? En cherchant à la diriger sur une voie nouvelle, est-il permis d'espérer qu'on la rendra plus acceptable ? Faut-il recourir à une législation spéciale ? Dans quel sens devra-t-elle se prononcer ?

Les pays étrangers nous ont précédés dans l'examen de ces questions et ont reconnu la nécessité d'une législation spéciale (1). Ce n'est sans doute pas une raison déterminante, à elle seule, pour que le Parlement français en fasse autant ; mais cela est suffisant pour montrer que des dangers nouveaux peuvent, sans injustice, donner lieu à des responsabilités nouvelles.

II

2. — Si l'on trouve dans certains jugements des considérants très sévères pour les automobilistes, et l'affirmation de l'idée que la route est faite pour les piétons ou les voitures et non pour les automobiles (2), il ne faudrait pas s'en tenir à cette sorte de façade, et croire, comme l'ont fait quelquefois les défenseurs des intérêts des automobilistes, que les tribunaux sont défavorables aux propriétaires d'automobiles et font fléchir à leur détriment les principes généraux du droit ou les règles d'interprétation qui ont été jusqu'alors admises pour les textes relatifs à la responsabilité délictuelle. Au contraire — et personne n'a le droit de l'en blâmer — toute la jurisprudence française sur la responsabilité civile dérivant des accidents d'automobiles, repose sur l'article 1382 du Code civil. Le passant qui a été blessé par une automobile, les représentants de la personne décédée à la suite d'un accident de cette nature, le propriétaire d'un animal auquel une automobile a fait éprouver une lésion, invoquent, dans leur action en dommages-intérêts, un délit, ou plus souvent, mais ce qui revient au même, un quasi-délit. La jurisprudence, qui a été sollicitée de statuer sur cette action en responsabilité civile, n'était pas prise au dépourvu. Elle avait pour se guider les innombrables espèces relatives aux accidents de toute nature ; plus spécialement, elle pouvait se baser — et elle ne s'en est pas fait faute — sur les décisions qui ont été rendues à propos des accidents causés par les tramways et les voitures.

(1) V. Ambroise Colin, *L'automobile et la loi* (extrait de la *Rev. polit. et parlem.*, janv. 1908), p. 15 et 16.

(2) V. *infrà*, nº 11.

Aussi presque tous les arrêts et jugements auxquels ont donné lieu les accidents d'automobiles ont-ils subordonné la responsabilité des conducteurs à une faute ou à une négligence commise par eux, et, dans la détermination de cette faute, se sont-ils, en général, bornés à reproduire les décisions dont nous venons de parler.

3. — Ainsi le décret du 10 mars 1899 réglemente la vitesse des automobiles. L'article 14 porte : « Le conducteur de l'automobile devra rester constamment maître de sa vitesse. Il ralentira ou même arrêtera le mouvement toutes les fois que le véhicule pourrait être une cause d'accidents, de désordre ou de gêne pour la circulation. La vitesse devra être ramenée à celle d'un homme au pas dans les passages étroits ou encombrés. En aucun cas la vitesse n'excédera celle de 20 kilomètres à l'heure dans les agglomérations... ». Les tribunaux, qui ont pour habitude de considérer, au point de vue civil, comme une faute l'inobservation des règlements, décident logiquement qu'il y a faute à ne pas exécuter les prescriptions du décret et que les accidents provenant de leur inobservation engagent la responsabilité du conducteur comme, dans des circonstances analogues, ils l'ont décidé en matière d'accidents de voiture [1].

Notamment, lorsque l'accident provient de ce que l'automobile marchait à une vitesse exagérée qui ne permettait ni au conducteur de ralentir l'allure du véhicule devant les obstacles, ni aux autres véhicules, aux piétons ou aux animaux de se garer, le dommage causé provient d'une faute et il est inutile au demandeur d'établir une faute spéciale du conducteur [2]. C'est dans le cas de vitesse ex-

<hr>

[1] Orléans, 28 nov. 1899, *Gaz. Pal.*, 99. 2. 668 ; Bordeaux, 30 déc. 1904, S. 1907. 2. 69, D. 1905. 2. 431 ; Grenoble, 18 nov. 1905, D. 1905. 2. 480. — Trib. corr. de Dieppe, 29 déc. 1897, *Gaz. Pal.*, 98. 1. 107 ; Trib. de police de Boulogne, 23 oct. 1905, *Gaz. des Trib.*, 31 oct. 1905 ; Trib. de paix de Limoges, 6 juin 1906, *Gaz. Pal.*, 1906. 2. 40.

[2] Caen, 26 juin 1907, *La Loi*, 30 oct. 1907. — Trib. de Montbéliard, 15 déc. 1899, *Gaz. Pal.*, 1900, 1. 86 ; Trib. de paix de Paris, 15 sept. 1905, *La Loi*, 16 sept. 1905 ; Trib. corr. de Gex, 20 nov. 1906, *Gaz. des Trib.*, 31 janv. 1907 ; Trib. corr. de Montpellier, 14 mai 1907, *Journ. des*

cessive que les tribunaux ont le plus fréquemment reconnu la responsabilité, conformément d'ailleurs à la jurisprudence qui s'est formée au sujet de voitures et des tramways.

4. — De même, le décret de 1899 obligeant les conducteurs d'automobiles à signaler en cas de besoin l'approche de leurs véhicules par une trompe, l'accident qui aurait été évité si le signal avertisseur avait été donné, engage la responsabilité du conducteur [1] et il en est ainsi également si l'avertissement a été donné trop tard pour que la victime ait eu le temps de se garer [2].

Toutefois il y a des décisions qui nient toute responsabilité du conducteur de l'automobile pour n'avoir pas fait entendre un signe avertisseur si l'automobile marchait à une vitesse normale et si en outre la rue était fréquentée par les voitures automobiles [3].

5. — Il a encore été jugé que la responsabilité du chauffeur se trouve engagée par les accidents provenant de son incapacité, alors qu'il n'était pas muni d'un certificat de capacité comme le veut le décret de 1899 [4].

Même responsabilité pour les dommages résultant de ce que le conducteur a pris sa gauche au lieu de garder sa droite [5].

6. — La responsabilité enfin est engagée lorsque le conducteur ne s'arrête pas devant les personnes ou les choses

juges de paix, 1907, p. 504; Trib. de paix de Paris, 19 avr. 1907, *Gaz. des Trib.*, 21 avr. 1907.

(1) Amiens, 29 oct. 1907, *Gaz. des Trib.*, 29 déc. 1907. — Trib. de Lyon, 4 juill. 1903, *La Loi*, 14 déc. 1903; Trib. de Lisieux, 19 oct. 1905, *Gaz. Pal.*, 1905. 2. 521; Trib. de Nontron, 31 mai 1906, *La Loi*, 21 nov. 1906; Trib. de paix de Limoges, 6 juin 1906, précité.

(2) Lyon, 18 mai 1906, *Mon. jud. de Lyon*, 26 juill. 1906. — Cet arrêt décide que le chauffeur qui, sur une route en ligne droite, pouvait apercevoir à 300 mètres un piéton suivant la même route que lui, est coupable de ne faire usage de sa trompe qu'à 10 mètres.

(3) Trib. de Nancy, 9 juin 1905, *Recueil de Nancy*, 1905, p. 157. — Il est vrai que ce jugement se contente de dire que l'automobiliste en pareil cas n'a pas à prendre de précaution spéciale « vis-à-vis d'un chien ». Peut-être le jugement aurait-il été différent s'il s'était agi d'un être humain?

(4) Orléans, 28 nov. 1899, *Gaz. Pal.*, 99. 2. 668.

(5) Amiens, 27 juill. 1905, précité.

qu'il peut endommager, s'il pouvait prévoir l'encombrement. Outre que le décret du 10 mars 1899 l'y oblige et le contraint à rester maître de sa vitesse, il y a une imprudence à continuer la marche à un moment où elle est dangereuse, même si la vitesse réglementaire n'est pas dépassée (1). Il en est ainsi notamment si l'automobile était engagée au tournant d'une rue où la circulation était très active (2).

Le conducteur de l'automobile n'échappe même pas à cette responsabilité en employant un signal d'avertissement assez longtemps à l'avance pour permettre aux piétons de se ranger (3).

7. — Cependant il est arrivé aux tribunaux de mitiger les dommages-intérêts en cas de surdité de la victime, qui aurait dû, à raison même de cette surdité, se retourner fréquemment pour voir si aucune voiture n'arrivait derrière elle (4). On concevrait une solution différente : dès lors qu'il est reconnu que le conducteur est tenu de s'arrêter devant les obstacles, on ne voit pas en quoi la surdité de la victime peut atténuer la responsabilité provenant d'un fait que le conducteur, s'il avait rempli ses obligations, aurait facilement évité.

On décide de même que la responsabilité disparaît si la victime de l'accident est un chien ou un autre animal en état de divagation (5), et qu'elle est atténuée si cet animal, bien que se trouvant sur la route avec son maître, s'était

(1) Orléans, 28 nov. 1899, *Gaz. Pal.*, 99. 2. 668; Bordeaux, 26 juin 1905, *Gaz. Pal.*, 1905. 2. 496; Amiens, 27 juill. 1905, S. 1906. 2. 270 (cet arrêt ne s'appuie pas sur le décret de 1899); Grenoble, 18 nov. 1905, D. 1905. 2. 479; Amiens, 29 oct. 1907, précité. — Trib. de Lisieux, 19 oct. 1905, *Gaz. Pal.*, 1905. 2. 520; Trib. de Toulouse, 17 janv. 1906, *La Loi*, 21 mai 1906; Trib. de paix de Paris (5e arrond.), 15 sept. 1905, *La Loi*, 16 sept. 1905; Trib. de paix de Paris (5e arrond.), 1er juin 1906, *Gaz. des Trib.*, 9 juin 1906, *La Loi*, 2 juin 1906. — Comp. Trib. de Lisieux, 25 oct. 1905, *Gaz. Pal.*, 1905. 2. 617.

(2) Trib. de Toulouse. 17 janv. 1906, *Gaz. des Trib. du Midi*, 1er févr. 1906.

(3) Trib. de paix de Paris, 15 sept. 1905, précité.

(4) Amiens, 27 juill. 1905, précité.

(5) Trib. de La Roche-sur-Yon, 9 mars 1907, *Rev. de l'assoc. générale automobile*, mai 1907. — Trib. de paix de Quimper, 6 juin 1906 (motifs), précité.

écarté, fût-ce pour quelques instants, de lui [1]. Ici encore
on concevrait des solutions différentes : en laissant un
chien divaguer ou s'écarter, on n'a cru l'exposer qu'aux
dangers normaux de la route, ceux qui ne sont pas assez
foudroyants pour être inévitables. En s'abstenant de sur-
veiller des oies ou des canards, on part de l'idée qu'ils auront
le temps de se garer contre les véhicules qui circuleront
sur la route. Il est indéniable que le développement des
automobiles a créé un danger nouveau contre lequel on
n'était pas préparé.

8. — La responsabilité des accidents provenant d'une automobile en stationnement, est également réglée d'après
le droit commun. Si l'automobile s'est mise brusquement
en marche pendant une absence du mécanicien, qui l'avait
arrêtée dans une rue d'une déclivité très accentuée, la responsabilité de ce dernier est engagée, dès lors qu'il n'a pas
pris les précautions suffisantes pour assurer l'immobilité
absolue de son véhicule [2].

9. — Dans les accidents dont sont victimes les conducteurs d'automobiles, les tribunaux partent encore de l'idée
que les dangers spéciaux inhérents au mode de locomotion
nécessitent une prudence particulière. Ainsi la personne
qui, se trouvant dans une automobile, est blessée par la rencontre d'une voiture à traction animale, laquelle ne tenait
pas sa droite, a commis une imprudence et n'a droit qu'à
des dommages-intérêts limités, si la lanterne de l'automobile, bien que conforme aux règlements, avait pu ne pas
être aperçue du voiturier [3].

De même, lorsque les conséquences d'un accident sur-
venu à un conducteur d'automobile ont été aggravées par
les manœuvres qu'il avait pratiquées en vue d'éviter cet
accident, les dommages-intérêts qu'il peut exiger de l'auteur de l'accident sont limités, bien que ces manœuvres

---

(1) Trib. de police de Boulogne, 23 oct. 1905, *Gaz. des Trib.*, 31 oct. 1905 ;
Trib. de paix de Quimper, 6 juin 1906, précité.

(2) Trib. de comm. de la Seine, 28 janv. 1906, *La Loi*, 7 mai 1906.

(3) Trib. de Chartres, 2 mai 1907, *Gaz. Pal.*, 1907. 1. 594, *Gaz. des Trib.*,
5 juin 1907.

aient été nécessitées par les circonstances : car la lourdeur de l'automobile et sa vitesse, c'est-à-dire le fait de l'automobile, ont participé au dommage (1).

10. — Mais il va sans dire que l'automobiliste qui a pris les précautions habituelles n'est tenu à aucune indemnité (2).

Donc, bien que la frayeur qui occasionne le décès d'une personne ou d'un animal soit due à une automobile, la responsabilité du chauffeur n'est pas engagée si l'automobile marchait à une vitesse normale (3).

De même, lorsque le conducteur de l'automobile a exécuté toutes les prescriptions exigées par les règlements ou nécessitées par la prudence, il appartient, d'après les tribunaux, aux conducteurs de voitures ou de bestiaux qu'ils rencontrent d'observer une prudence supérieure à celle dont ils pouvaient se contenter autrefois. Ce sont eux qui sont responsables si leur voiture ne s'est pas rangée assez vite ou s'ils n'ont pas su retirer à temps de la route les animaux qu'ils conduisaient (4).

11. — De toute manière, c'est aux demandeurs en dommages-intérêts qu'il appartient, d'après la jurisprudence, de démontrer la faute du conducteur d'automobile (5).

---

(1) Trib. de Chartres, 2 mai 1907, précité. Dans cette espèce, le conducteur de l'automobile, voyant venir au-devant de lui une voiture qui ne tenait pas sa droite, avait donné un brusque coup de barre à gauche, et la collision s'était produite, parce qu'en même temps, la voiture avait pris sa droite. Le tribunal constate que le conducteur de l'automobile n'avait commis aucune faute.

(2) Trib. de paix de Charenton, 26 sept. 1906, *La Loi*, 23 oct. 1906.

(3) Nîmes, 11 juill. 1905, *Rev. de l'assoc. gén. automobile*, avr. 1906; Trib. de la Seine, 16 févr. 1898, *Gaz. Pal.*, 98. 1. 392.

C'est ce qui a été jugé dans une espèce où, le mécanicien ayant lâché un jet de vapeur au moment où il croisait une voiture, le cheval attelé à cette voiture s'était emballé. — Rouen, 2 avr. 1898, *Gaz. Pal.*, 98. 1. 622.

(4) Trib. de Rennes, 9 déc. 1904, *Rev. du Touring-Club*, 1905, p. 85. Ce jugement condamne à des dommages-intérêts le conducteur d'un troupeau pour n'avoir pas écarté du passage d'une automobile une vache, qui était entrée en collision avec elle. On comprend mieux un jugement qui condamne une compagnie de chemins de fer à des dommages-intérêts envers les propriétaires d'une automobile entrée en collision avec un train, à raison de ce qu'un passage à niveau ayant été laissé ouvert à tort, l'automobile s'y était engagée. Trib. de la Seine, 17 avr. 1905, *Lois et sports*, oct. 1905.

(5) V. toutes les décisions précitées.

Cependant, l'idée que le propriétaire d'une automobile est de plein droit responsable des accidents causés par le véhicule a été appliquée par certains tribunaux. On peut citer, en ce sens, un jugement d'après lequel la collision engage la responsabilité du mécanicien, bien que l'automobile, arrêtée en station, ait été mise en marche par un événement indépendant de sa volonté (1).

Il a été décidé de même que la responsabilité du conducteur est engagée dans le cas même où il ne marchait qu'à une vitesse modérée, et a prévenu par une trompe les passants de son approche, bien que ces derniers aient refusé de se ranger. Il est, d'après ce jugement, du devoir des automobilistes de s'arrêter, les piétons ayant « fait des concessions » en partageant les routes avec les automobiles. La responsabilité ne disparaît que si le piéton s'est précipité sur la chaussée au dernier moment, et si, par suite, l'accident était impossible à prévoir (2).

Mais ce sont là des décisions isolées. Nous rechercherons si les tendances générales de la jurisprudence en matière de responsabilité permettent de supposer que leur doctrine l'emportera (3).

12. — En tout cas, il n'y a pas de responsabilité pour le conducteur de l'automobile, si l'accident est dû à un cas fortuit. C'est ainsi que l'action en responsabilité a été accordée dans une espèce où l'arrière de l'automobile ayant dérapé sur un pavé gras, un accident s'était produit (4).

13. — D'autre part, la responsabilité est subordonnée à la condition que la faute commise soit la cause du préjudice. La relation du préjudice avec la faute doit exister, notamment, lorsque la faute consiste à ne pas observer les prescriptions réglementaires relatives à la vitesse des automobiles(5).

(1) Trib. de com. de la Seine, 28 févr. 1906, *La Loi*, 7 mai 1906.
(2) Trib. de paix de Paris, 1er juin 1906, précité.
(3) V. *infrà*, n. 21 et s.
(4) Trib. corr. de la Seine, 12 déc. 1905, *Lois et sports*, févr. 1906.
(5) Bordeaux, 30 déc. 1904, S. 1907. 2. 69, D. 1905. 2. 431. — Trib. de la Seine, 16 févr. 1898, *Gaz. Pal.*, 98. 1. 392.

Cette relation, conformément au droit commun, doit être prouvée par la victime ou ses représentants (1).

On admet que cette relation existe, en cas de mort due à la frayeur causée par la vitesse exagérée d'une automobile : cette mort entraîne la responsabilité de l'automobiliste (2).

Mais si la frayeur détermine un charretier à quitter précipitamment sa voiture au moment du passage de l'automobile, et provoque l'accident, il n'est pas dû de dommages-intérêts (3). De même, si c'est un cheval qui est pris de frayeur à la vue de l'automobile et qui donne lieu à la collision, non seulement le conducteur de l'automobile ne doit pas de dommages-intérêts, mais le propriétaire de la voiture lui en doit, pour n'avoir pas mis pied à terre et empêché son cheval, en se déplaçant, d'endommager l'automobile (4).

14. — Le droit qui appartient à la victime d'actionner solidairement, par application ou plutôt par extension de l'article 55 du Code pénal, les conducteurs de deux automobiles, dans le cas exceptionnel où c'est la collision de ces deux voitures, par la faute concomitante des deux chauffeurs, qui a causé l'accident (5), est un palliatif, évidemment trop rare et trop incertain, à la rigueur de cette jurisprudence.

---

(1) Bordeaux, 30 déc. 1904, précité.

(2) Trib. corr. de Dieppe, 29 déc. 1897, *Gaz. Pal.*, 98. 1. 107. Cela a été implicitement jugé aussi par Bordeaux, 30 déc. 1904, précité. En fait, l'arrêt a estimé qu'il n'y avait pas responsabilité, parce que, si l'émotion dont était morte une garde-barrière était démontrée, il n'était pas sûr que cette émotion fût due à la vitesse exagérée de l'automobile plutôt qu'à la crainte de n'avoir pas ouvert la barrière à temps pour éviter une collision entre l'automobile et un train.

(3) Trib. corr. de Narbonne, 27 janv. 1905, *La Loi*, 20 mars 1905.

(4) Trib. de Châteaudun, 18 déc. 1903, *Le Droit*, 19 févr. 1904.

On ne peut citer en sens contraire Grenoble, 18 nov. 1905 (D. 1905. 2. 480), qui déclare un automobiliste responsable de la mort d'un enfant qui, pris de frayeur à l'approche de l'automobile, était revenu sur ses pas, après avoir commencé par traverser la chaussée, et avait été écrasé. Car cet arrêt constate non seulement que le conducteur de l'automobile aurait dû prévoir ces mouvements instinctifs chez un enfant, mais encore qu'il avait imprimé à son véhicule une vitesse trop grande pour pouvoir en ralentir ou en arrêter la marche, comme le prescrit le décret de 1899.

(5) Caen, 26 juin 1907, *La Loi*, 30 oct. 1907.

15. — C'est encore le droit commun qu'on applique au sujet de la responsabilité du propriétaire d'une automobile confiée à un préposé : le propriétaire est responsable des actes de son préposé en vertu de l'article 1384 du Code civil (1).

Mais l'article 1384 cesse d'être applicable lorsque le conducteur, en se servant de l'automobile, agissait à l'insu de son patron et en son nom personnel. Dans ce cas, le patron n'est pas tenu des conséquences de l'accident, qu'il n'a pu empêcher et qui n'est pas arrivé dans l'exercice des fonctions du conducteur (2).

Cependant la Cour de cassation reconnaît la responsabilité du patron lorsque le chauffeur aurait dû, s'il avait exécuté les ordres de ce dernier, remplir ses fonctions au moment où l'accident s'est produit. Dans ce cas, le patron n'avait pas, suivant la Cour de cassation, abdiqué, au moment de l'accident, son devoir de surveillance; c'est pourquoi le patron a été déclaré responsable des conséquences d'un accident dû à la faute du chauffeur, tandis qu'au lieu de conduire l'automobile au garage comme le patron le lui avait ordonné, il faisait une promenade d'agrément (3).

En tout cas l'article 1384 ne peut être invoqué contre le propriétaire si le tiers auquel ce dernier a confié son véhicule n'est pas son préposé. Il n'est pas, par exemple, responsable du fait d'un ami auquel il a prêté sa voiture ou d'une personne à qui il l'a donnée en location. Cependant les tribunaux ont, avec indulgence, en se basant sur l'article 1382, reconnu que le propriétaire a commis une faute qui engage sa responsabilité s'il a prêté son automobile à un ami sans s'être assuré de sa capacité à conduire les automobiles et de sa connaissance des règlements (4). C'est peut-être aller un peu loin ; car, s'il peut y avoir là une im-

____

(1) Trib. de comm. de la Seine, 28 févr. 1906, *La Loi*, 17 mai 1906.

(2) Cass. crim., 12 déc. 1903, S. 1906. 1. 150, D. 1904. 1. 70. Dans l'espèce la victime était un ami du conducteur.

(3) Cass. crim., 23 mars 1907, *Gaz. des Trib.*, 24 août 1907.

(4) Trib. corr. de la Seine, 30 juin 1905, *Gaz. Pal.*, 1905. 2. 204. — Ce jugement est relatif à la responsabilité pénale, mais il peut être invoqué, semble-t-il, *a fortiori* en faveur de la responsabilité civile.

prudence du propriétaire, le lien direct entre cette imprudence et l'accident n'existe pas, et en tout cas, c'est étendre, au fond, l'article 1384, que d'admettre ici la responsabilité du propriétaire. En présence des textes, cette responsabilité est donc douteuse.

III

16. — On rencontre à peu près les mêmes solutions dans la jurisprudence belge. Elle a reconnu que l'automobiliste qui a causé un accident par la vitesse excessive de son véhicule au milieu d'un encombrement est passible de dommages-intérêts [1].

De même le conducteur doit au milieu d'un encombrement prendre une allure assez lente pour pouvoir se mettre en mesure d'arrêter brusquement sa machine devant un obstacle quelconque [2]. Il doit également corner au moment où il rencontre un obstacle [3].

Cependant on voit en Belgique des jugements refuser tous dommages-intérêts au propriétaire d'un chien écrasé par une automobile, en lui reprochant d'avoir laissé son chien divaguer sur la voie publique, et même lui laisser entendre qu'il aurait été lui-même condamné à des dommages-intérêts si l'automobile, lancée à toute vitesse, ou si ceux qu'elle portait, avaient souffert de la rencontre du chien [4].

17. — Le tribunal de l'Empire allemand, dans un arrêt récent, est également parti de l'idée de faute, mais en imposant aux conducteurs d'automobiles des précautions rigoureuses [5]. Il reconnaît que le piéton, avant de s'engager sur la chaussée, est en faute s'il ne s'assure pas tout d'abord qu'il ne risque pas, en la traversant, la rencontre d'une automobile. Mais une fois qu'il y est engagé, il peut continuer son chemin sans pouvoir être taxé d'avoir com-

<hr>

(1) Trib. corr. de Verviers, 15 janv. 1907, *Pasicr.*, 1907. 3. 229.
(2) Bruxelles, 3 déc. 1902, *Pasicr.*, 1903. 2. 160.
(3) Bruxelles, 3 déc. 1902, précité.
(4) Trib. d'Audenarde, 10 juin 1903, *Pasicr.*, 1904. 3. 73.
(5) 14 oct. 1907, *Juristische Wochenschrift*, 15 nov. 1907.

mis une faute : c'est aux conducteurs de véhicules qu'il appartient de prendre les mesures nécessaires pour ne causer aucun dommage aux piétons, et de modérer leur vitesse.

18. — On peut faire la même observation sur la jurisprudence du tribunal fédéral suisse. Il a décidé que le droit commun est applicable en matière d'accidents d'automobiles; mais en même temps il a reconnu qu'à raison du caractère dangereux et de la nouveauté de ce moyen de circulation, le conducteur de l'automobile doit prendre des précautions spéciales, qu'il ne lui suffit pas d'observer les lois et les règlements existants sur la vitesse et sur les signaux, et qu'il lui faut se préoccuper de la largeur des routes et des rues, de leur fréquentation, de l'inexpérience du public, de la facilité qu'éprouvent les passants et les animaux à s'effrayer du bruit et de la circulation rapide des vélocipèdes [1].

IV

19. — Il est maintenant facile d'apprécier si, comme on l'a soutenu, la jurisprudence française est sévère pour les automobilistes et les traite plus durement que les conducteurs d'autres véhicules. De la plupart des solutions qu'ont adoptées les tribunaux, il résulte, au contraire, que le souci très légitime de la jurisprudence est de tenir exclusivement compte des textes en vigueur et de les interpréter en faisant abstraction des dangers spéciaux que fait courir la circulation des automobiles aux piétons. Les dispositions législatives doivent être appliquées en elles-mêmes ; les juges doivent oublier les considérations qui justifieraient leur modification; et si on les voit quelquefois déclarer « qu'on ne peut trouver d'explication à un semblable aveuglement que dans le mépris inconcevable de certains conducteurs d'automobile pour tout ce qui peut se trouver en travers de leur marche désordonnée » et « qu'il est du devoir des tribunaux de réprimer avec rigueur de semblables erreurs et

---

(1) Trib. fédéral suisse, 15 sept. 1905, *Monit. dei tribunali* (italiens), 1906, p. 936.

de protéger la sécurité publique contre ceux qui en ont si peu de souci » (1), ils voient néanmoins leur devoir dans l'assimilation des automobiles à tous les autres véhicules et dans l'application impersonnelle des textes.

20. — Il est difficile de leur reprocher le respect de la loi telle qu'ils l'interprètent. Ils ont apporté dans toutes les autres questions de responsabilité civile le même souci de s'en tenir aux textes. Nous n'en voulons pour preuve que la jurisprudence qui s'est formée sur le point de savoir si le chasseur est responsable des accidents causés par son fusil. Si certaines décisions ont, à cause de la difficulté qu'éprouve la victime de l'accident à démontrer la faute du chasseur, admis que ce dernier est responsable de plein droit, la jurisprudence la plus récente s'est bornée à appliquer les articles 1382 et suiv. Lorsque, notamment, une personne est blessée ou tuée par le ricochet d'une balle, la responsabilité du chasseur est subordonnée à la preuve qu'il n'a pas pris, en tirant, les précautions nécessaires pour éviter l'accident (2).

21. — La jurisprudence ne nous paraît donc pas donner une satisfaction complète aux intérêts des particuliers lésés par la rencontre d'une automobile. Ce n'est pas une raison suffisante paur affirmer qu'elle soit mal fondée. Cependant il faut rechercher rapidement si la législation actuelle ne fournit pas aux victimes d'accidents une arme plus sûre.

On sait les efforts qu'ont faits depuis quelques années plusieurs auteurs pour faire dériver des textes du Code civil le principe de la responsabilité objective et substituer, comme fondement de la responsabilité délictuelle ou quasi-délictuelle, le fait d'être propriétaire ou le risque de propriété à la faute et à la négligence. En face des articles 1382 et 1383 du Code civil, qui font de la faute ou de la négligence la base de la responsabilité, on place l'article 1384, d'après lequel « on est responsable des choses que l'on a sous sa garde », et le sens qu'on donne à ce dernier texte, c'est que tout pro-

<hr>

(1) Grenoble, 18 nov. 1905, précité.

(2) V. notamment Paris, 24 nov. 1896, S. 98. 2. 7; Bordeaux, 9 juill. 1906, S. 1907. 2. 68. — Trib. de Cahors, 9 juill. 1900, S. 1902. 2. 52.

priétaire est responsable, en raison même de sa qualité de propriétaire, du dommage causé par sa chose[1]. La responsabilité céderait devant la faute de la victime, parce que la victime de l'accident ne peut raisonnablement invoquer pour obtenir des dommages-intérêts un fait qui, s'il avait lésé un tiers, aurait entraîné sa propre responsabilité; mais c'est au propriétaire qu'il appartiendrait de prouver cette faute. La responsabilité céderait-elle aussi devant la preuve du cas fortuit ? Cela est plus douteux, parce qu'il reste vrai, même en présence d'un cas fortuit, que la propriété a créé le risque; et la règle *ubi emolumentum ibi onus*, que l'on prétend appliquer, ne semble pas comporter de restriction. Cependant on admet que le propriétaire serait exonéré par la preuve de la force majeure.

Appliquée aux accidents d'automobiles, cette théorie constituerait un grand progrès, en ce qu'elle déplacerait la charge de la preuve. C'est un résultat que, comme nous le montrerons, il est plus essentiel d'obtenir en cette matière qu'en aucune autre, puisque les circonstances de l'accident sont généralement impossibles à déterminer. Mais si avantageux qu'il soit à certains égards, le système ne fait disparaître qu'une partie des objections que soulève la jurisprudence actuelle, car il n'accorde aucune protection aux victimes d'accidents, en cas de fuite de l'automobile.

Au reste, il n'est adopté par aucune décision judiciaire et il a été réfuté de telle manière qu'il a peu de chance de l'emporter[2]. On ne peut donc guère compter sur lui pour améliorer la situation des victimes d'accidents d'automobiles.

22. — Plusieurs décisions, sans aller aussi loin, ont tout

---

(1) On connaît les ouvrages qui ont rendu cette théorie célèbre : Saleilles, *Les accidents du travail et la responsabilité civile* et D. 97. 1. 433 ; Josserand, *De la responsabilité du fait des choses inanimées* et D. 1900. 2. 284; 1904. 2. 257 ; 1905. 2. 417; 1906. 1. 249. — V. aussi Baudry-Lacantinerie et Barde, *Tr. des oligations*, 2ᵉ éd., t. III, nᵒˢ 2968 et s.

(2) V. la note de M. Esmein sous Cass., 16 juin 1896, S. 97. 1. 17 et les notes de M. Planiol sous Cass., 8 mai 1906, D. 1906. 1. 457, sous Cass., 30 juin 1902, D. 1902. 1. 436 et sous Rennes, 26 juill. 1906, D. 1907. 2. 17. — V. aussi. Planiol, *Tr. élém. de dr. civ.*, 4ᵉ éd., t. II, n. 930.

au moins, en se fondant également sur l'article 1384, admis
le renversement de la preuve. Elles ont reconnu que le propriétaire, dont la chose a causé un accident, est présumé
être en faute, et n'échappe à la responsabilité civile qu'en
démontrant le cas fortuit ou la faute de la victime (1). C'est,
suivant l'expression d'un arrêt (2), « l'idée objective de dommage ». Mais cette idée est plus restreinte dans ce système
que dans le système précédent. Il soulève d'ailleurs les
mêmes objections, car il se base, comme ce dernier, sur des
expressions employées par l'article 1384 et auxquelles ce
texte ne semble pas avoir voulu attribuer un sens aussi
large. En tout cas, il serait, en pratique, plus insuffisant
encore, tout en constituant également un progrès sur la
jurisprudence actuelle. La chambre civile de la Cour de cassation ne paraît pas l'avoir adopté jusqu'à présent. Elle s'est
contentée d'étendre à tous les objets du patrimoine l'article
1386 du Code civil, d'après lequel les accidents causés par la
ruine « d'un bâtiment » engagent la responsabilité du propriétaire, lorsque cette ruine « est arrivée par une suite du
défaut d'entretien ou par le vice de sa construction ». Mais,
quelle que soit la valeur théorique de ce système, il n'a pas
l'avantage de déplacer la preuve; la victime de l'accident
doit démontrer le défaut d'entretien ou le vice de construction, ainsi que leur relation avec l'accident; c'est seulement
alors que le propriétaire est tenu à des dommages-intérêts,
sans pouvoir même établir que le défaut d'entretien ou le
vice de la construction ne lui sont pas imputables (3). Il n'y
a pas là une présomption de faute, comportant la preuve
contraire, mais, pour ainsi dire, une faute prouvée, le propriétaire étant considéré comme coupable de n'avoir pas
vérifié l'état de sa chose.

---

(1) Paris, 31 mars 1903, sous Cass., 8 mai 1906, D. 1906. 1. 457; Chambéry, 12 juill. 1905, S. 1906. 2. 46, D. 1905. 2. 417; Rennes, 26 juill. 1906,
S. 1907. 2. 16, D. 1907. 2. 17.

(2) Chambéry, 12 juill. 1905, précité.

(3) V. Cass., 16 juin 1896, précité et la note de M. Esmein; Douai, 13 mai
1902, S. 1904. 2. 44; Paris, 11 mars 1904, S. 1907. 2. 124. — Trib. de la
Seine, 19 mars 1906, S. 1907. 2. 250; Trib. de Marseille, 27 mai 1899, sous
Cass., 30 juin 1902, D. 1907. 1. 436.

Puisque la Cour de cassation a accepté ce système, et n'a pas eu l'occasion de démentir l'arrêt encore isolé qu'elle a rendu en ce sens, on peut le considérer comme acquis en jurisprudence. D'autant plus que les cours d'appel et les tribunaux paraissent s'y être rangés. Il ne peut être que d'un secours fort médiocre, sinon entièrement nul, pour les victimes d'accidents d'automobiles. Nous verrons, en effet, pourquoi en fait toute preuve leur est impossible ; au reste la jurisprudence ne nous offre aucune hypothèse, non seulement où un vice inhérent au véhicule ait été constaté, mais même où il ait été simplement prétendu.

Récemment la chambre des requêtes est allée plus loin. Elle a dit nettement que l'article 1384 présume, en matière de dommages causés par une chose dont on a la garde, la faute jusqu'à preuve contraire [1]. Mais on ne peut, jusqu'à ce que d'autres arrêts confirment cette doctrine, la considérer comme acquise. La jurisprudence de la Cour de cassation mérite d'être surveillée, puisque, si elle s'affirme dans le sens du dernier arrêt, elle améliorera, en cas d'accidents d'automobiles, la situation existante ; mais la direction définitive de cette jurisprudence est encore incertaine.

23. — On doit donc considérer, tout au moins en présence des interprétations que la jurisprudence a données jusqu'à présent aux articles 1382 à 1386 du Code civil, que les tribunaux qui, en matière d'accidents d'automobiles, ont invoqué exclusivement le principe posé par les articles 1382 et 1383, ont adopté une attitude irréprochable ; mais est-ce une raison pour ne pas désirer un changement de législation ? Il suffit pour répondre à cette question de prendre connaissance de l'article 1385. D'après cette disposition, le propriétaire d'un animal ou celui qui s'en sert est responsable du dommage que l'animal a causé, soit que l'animal fût sous sa garde, soit qu'il fût égaré ou échappé. On est à peu près d'accord aujourd'hui pour voir le fondement de l'article 1385 dans une présomption de faute, et la tradition,

---

[1] Cass. req., 22 janv. 1908, *Gaz. Pal.*, 29 févr. 1908.

aussi bien que les travaux préparatoires, ne permettent pas l'hésitation (1). Il est également certain, et ceci encore résulte de l'historique et des travaux préparatoires, que si le propriétaire ou la personne qui se sert de l'animal sont présumés en faute, c'est en partie parce que l'on se trouvait, en posant le principe, sous l'influence de l'idée que « rien de ce qui appartient à quelqu'un ne peut nuire impunément à un autre », et en partie parce que « le dommage doit être imputé soit au défaut de garde et de vigilance de la part du maître, soit à la maladresse ou au peu d'attention de celui qui s'est servi de l'animal (2) ».

Personne ne soutiendra qu'il y ait une raison sérieuse de mieux traiter, au point de vue de leur responsabilité civile, les propriétaires d'automobiles que les propriétaires de chevaux. Si ces derniers subissent une présomption de faute, quels seraient, en législation, les motifs pour lesquels les premiers y échapperaient ? Il est évident que si les rédacteurs du Code civil avaient prévu l'invention de véhicules où la traction animale serait remplacée par la traction mécanique, ils n'auraient pas accordé à la seconde, vis-à-vis de la première, une sorte de privilège. La nécessité d'une réforme de la législation se trouve ainsi démontrée. Il reste seulement à savoir si cette réforme doit consister en une extension pure et simple de l'article 1385 aux accidents d'automobiles, ou si la responsabilité des accidents causés par une automobile ne doit pas être plus rigoureuse que celle des accidents causés par un animal. Si l'on appliquait l'article 1385 aux accidents d'automobiles, la présomption de faute pourrait être détruite par la preuve, soit d'une faute de la victime, soit même d'une force majeure ou d'un cas fortuit (3). N'y a-t-il pas des raisons impérieuses pour demander davantage aux propriétaires d'automobiles ?

<hr>

(1) C'est ce que nous pensons avoir démontré en note sous Cass. Belgique 16 oct. 1902, S. 1906. 4. 19.

(2) Rapport de Bertrand de Greuille au Tribunat. — V. notre note précitée.

(3) Telle est, en effet, la solution adoptée par toute la jurisprudence dans l'interprétation de l'article 1385. — V. notamment Cass., 11 mars, 29 mai et 2 juill. 1902, S. 1902. 1. 309, 310 et 448, D. 1902. 1. 279, 1903. 1. 614, 1902. 1. 431.

V

24. — Le résultat de la jurisprudence actuelle, c'est que les piétons sont obligés, lorsqu'ils abandonnent le trottoir d'une rue ou les bas côtés d'une route pour traverser la chaussée, de prendre des précautions spéciales et de se mettre en mesure de pouvoir constamment se garer. Des tribunaux l'ont constaté : « Si la voie publique appartient aussi bien aux piétons qu'aux véhicules de toute espèce et aux cavaliers, il faut cependant constater qu'en présence de l'état actuel de la circulation dans les artères importantes des grandes villes, les piétons, lorsqu'ils quittent le trottoir, qui est leur domaine exclusif incontesté, et s'aventurent sur la chaussée, soit pour la suivre, soit pour la traverser, sont tenus de veiller eux-mêmes sur leur propre sécurité et de s'assurer constamment s'ils ne s'exposent pas à entrer en contact avec l'un ou l'autre des nombreux véhicules ou engins de toute espèce dont la chaussée est la voie propre » (1). On ne saurait mieux analyser en fait la situation actuelle : la chaussée n'appartient pas aux piétons, elle est le domaine réservé des véhicules, et les piétons qui y sont victimes d'accidents sont dans leur tort, parce qu'ils se trouvaient sur un domaine où ils n'étaient admis que par tolérance. Mais en droit cela n'est pas exact : la chaussée est faite pour tout le monde ; il n'y a pas de texte qui en réserve l'usage exclusif aux véhicules ; les conducteurs des voitures de toute nature doivent d'autant plus respecter la sécurité des piétons, que ceux-ci ne peuvent pas échapper à la nécessité de se servir de la chaussée pour passer d'un trottoir à un autre. Concevrait-on que le conducteur d'une automobile qui, d'un seul coup, aurait tué le cocher d'une voiture et un piéton, fût tenu d'une indemnité au profit du cocher seul, ou fût condamné à lui verser une somme plus forte qu'au piéton, sous prétexte que le premier se trouvait à sa place, et non pas le second ?

25. — Souvent, surtout dans les campagnes, l'accident

<hr>

(1) Bruxelles, 7 mai 1903, précité.

n'a pas de témoins, ou les témoins, à raison de la rapidité avec laquelle se produit l'accident, voient mal. Cette rapidité constitue donc, au point de vue de la preuve, une infériorité pour les victimes d'accidents. Lorsqu'un témoin a pu constater que l'accident a été causé par la faute du conducteur, mais que l'imprécision de ses souvenirs, ou la défectuosité de sa vision l'amène à commettre des erreurs dans les détails, les tribunaux rejettent sa déposition tout entière, comme invraisemblable; la faute du conducteur n'est donc pas prouvée, et bien qne l'absence de preuve provienne de la nature même du véhicule qui a causé l'accident, il ne peut pas y avoir de condamnation (1).

26. — D'autre part la question de savoir si la vitesse d'une automobile a été excessive est difficile à trancher. Les tribunaux le reconnaissent ; le décret du 10 mars 1899 permettant en rase campagne une vitesse de 30 kilomètres et de 20 kilomètres dans les agglomérations, la preuve que cette vitesse a été dépassée ne leur paraît pas résulter suffisamment de témoignages portant que l'automobile a passé comme un éclair : une automobile marchant à la vitesse réglementaire peut faire l'illusion de passer comme un éclair (2). Ils ne considèrent même pas comme probante la constatation d'une vitesse excessive faite à l'aide d'une montre à secondes; c'est un chronomètre que les officiers de police ou les témoins doivent avoir à leur disposition pour mesurer la vitesse (3).

(1) On peut consulter sur ce point un intéressant jugement du tribunal de la Seine (1er févr. 1905, *Le Droit*, 4 mai 1905). Un taureau avait été écrasé par une automobile. L'unique témoin avait déposé que l'automobile, lancée à toute vitesse, s'était jetée sur le taureau, puis s'était arrêtée brusquement sous la violence du choc et était repartie. Le tribunal, constatant que l'automobile, si elle avait été lancée à toute vitesse, aurait subi un choc et n'aurait pas pu poursuivre sa route, rejette le témoignage comme invraisemblable et repousse l'action en dommages-intérêts.

(2) Trib. de paix de Quimper, 6 juin 1906, *Gaz. Pal.*, 1906. 2. 40.

(3) Trib. de police de Lisieux, 7 févr. 1907, *Gaz. des Trib.*, 19 févr. 1907. — Pour le cas du moins où il y a des témoignages prétendant que la vitesse réglementaire n'a pas été dépassée.

V. également Rouen, 2 avr. 1898, *Gaz. Pal.*, 98. 1. 622, qui, en face d'un arrêté préfectoral établissant un maximum de vitesse de 20 kilomètres,

VI

27. — Ces considérations sont suffisantes pour justifier, en matière d'automobile, une législation spéciale basée sur le risque dérivant de la propriété. Du moment que la circulation des automobiles constitue un danger nouveau, que les routes n'ont pas été faites pour cette circulation, que les piétons et les voitures avaient jusqu'à présent l'usage exclusif de la voirie, il est juste que ceux qui revendiquent cet usage pour des véhicules nouveaux et particulièrement dangereux, soient tenus de réparer le dommage résultant de faits contre lesquels personne n'avait jusqu'alors à se prémunir. Le principe qu'un avantage nouveau concédé au détriment de l'ensemble des citoyens ou à l'aide de sacrifices imposés à l'ensemble des citoyens doit être compensé par l'obligation de réparer le préjudice résultant de cette concession ou de rembourser la valeur des sacrifices qu'elle impose est loin d'être inconnu. N'est-ce pas de ce principe que s'inspire l'article 30 de la loi du 16 sept. 1807, qui permet à l'Administration de réclamer aux propriétaires la moitié de la plus-value que des travaux publics auront procurée à leurs immeubles? Il y a là un exemple d'indemnité ne correspondant à aucune faute et provenant exclusivement de ce que la collectivité a fait un sacrifice qui a profité aux propriétaires. N'est-ce pas le même principe qui explique la redevance tréfoncière due par le concessionnaire d'une mine aux propriétaires de la surface et l'indemnité qu'il leur doit pour les dommages causés à leurs propriétés? La propriété du tréfonds étant distincte de celle de la surface, la seule justification de ces prestations, c'est qu'un propriétaire doit indemniser ceux auxquels, par la création même du droit que la loi lui reconnaît, il cause un préjudice. Si l'on veut extraire de ces exemples une formule, on

écarte le témoignage d'après lequel la vitesse était de 20 à 25 kilomètres, parce que « ce n'est là qu'une appréciation sans précision suffisante et que dans le doute on doit plutôt retenir le chiffre minimum indiqué par le témoin, c'est-à-dire celui de 20 kilomètres ».

dira que toute personne qui vient participer à des avantages réservés jusqu'alors à d'autres et établis pour d'autres, doit légitimement réparer le dommage qu'elle leur fait subir en les privant, à son profit, d'une partie de ces avantages. Il n'y a donc rien d'exorbitant à ce que les propriétaires d'automobiles soient tenus de réparer le dommage qui ne se serait pas produit s'ils n'avaient pas employé à leur profit les routes réservées jusqu'alors à d'autres, et créé, par là même, des dangers nouveaux. Il ne s'agit pas, comme on l'a prétendu, de faire une législation exceptionnelle, empreinte d'une excessive dureté, vis-à-vis des propriétaires d'automobiles. Il ne s'agit pas non plus de déroger à l'article 1382 du Code civil, il s'agit seulement d'appliquer à nouveau un principe indépendant de l'article 1382, que le législateur a antérieurement admis et qui est imposé par l'équité.

28. — En dehors et au-dessus des exemples que nous venons d'emprunter à la législation, on placera tout naturellement celui que fournit la loi du 9 avr. 1898, sur la responsabilité des accidents du travail. Pourquoi le chef d'entreprise est-il responsable des accidents dont les ouvriers sont victimes par le fait ou à l'occasion du travail, alors même que ces accidents ne proviennent pas de leur faute? C'est parce que les conditions modernes de l'industrie ont créé un *risque nouveau*, et que les auteurs de ce risque doivent légitimement en réparer les conséquences. On sait qu'il y a trente ans, lorsque des membres du Parlement, appartenant aux opinions les plus avancées, ont été frappés de l'injustice que présentait, en matière d'accidents du travail, l'application des articles 1382 et suivants du Code civil, ils se contentaient de renverser au profit de l'ouvrier la charge de la preuve. Peu à peu des idées plus larges se sont fait jour et les partis modérés se sont eux-mêmes empressés d'accepter le principe du risque professionnel. On s'est rendu compte, d'une part, que la preuve de la faute du patron était généralement impossible à apporter, les témoins pouvant avoir disparu par l'effet même de l'accident ou ne se trouvant pas vis-à-vis du patron dans une indépendance suffisante pour témoigner librement [1], d'autre part que le Code civil a légiféré en présence d'une situation qui ne répondait plus en rien à la vérité : « Les transformations qu'a subies l'industrie depuis le commencement du siècle ont créé un milieu spécial à la production mécanique, où les dangers particuliers auxquels les ouvriers sont exposés sont, en quelque sorte, inséparables des procédés de fabrication. Les règles qui pouvaient paraître suffisantes lorsque l'artisan ou l'ouvrier était maître de son outillage, se montrent sous le régime de la grande industrie de plus en plus impuissantes à assurer la justice » [2]. Il suffit de changer quelques mots à ces propositions pour justifier la reconnaissance du risque de propriété en matière d'accidents d'automobiles : les témoins — la jurisprudence nous l'a montré — n'existent pas, ou ne voient pas, ou ne se souviennent pas, ou ne sont pas écoutés. Ce sont les transformations de l'industrie qui ont fait naître des véhicules particulièrement dangereux par leur vitesse et donnant lieu à des accidents souvent inévitables. Le piéton, autrefois maître de la route, et qui, sauf des cas exceptionnels, pouvait, avec des précautions normales, échapper aux accidents, n'a plus aujourd'hui la certitude de pouvoir se garer. Toute aggravation dans les risques doit entraîner une aggravation dans les conditions de la responsabilité.

29. — On est loin de la vérité, en somme, lorsqu'on écarte toute analogie entre la situation des propriétaires d'automobiles et celle des chefs d'entreprise, en rattachant la responsabilité de ces derniers à l'idée qu'il y a entre le patron et l'ouvrier un contrat de travail. C'est, dit-on, le contrat de travail qui entraîne à la charge du patron des obligations particulières et la preuve en est que, suivant la jurisprudence, la loi de 1898 ne peut être appliquée par la victime de l'accident lorsque le contrat de travail est frappé de nullité [3]. Il y a là une confusion : le contrat de travail

---

(1) Rapport Duché à la Chambre, 28 oct. 1887, *Journ. off.*, Doc. parl., déc. 1887, p. 386 et s.

(2) Même rapport.

(3) Dupuich, *Rev. polit. et parlem.*, févr. 1908, p. 320 et *Les accidents d'automobiles*, p. 6.

est l'une des conditions de la responsabilité, en ce sens que, la loi de 1898 ayant pour objet de régir la responsabilité d'un *chef d'entreprise* vis-à-vis d'un *salarié*, cette loi est étrangère à toutes les hypothèses où la victime n'est pas le salarié de la personne qu'elle actionne en responsabilité, c'est-à-dire n'a pas loué ses services au chef d'entreprise (1); c'est pour cette raison que si le contrat de travail est nul, la victime de l'accident, n'étant pas un salarié du chef d'entreprise, ne peut fonder sa demande en indemnité sur la loi de 1898 (2). Mais l'indemnité due en vertu de la loi de 1898 n'a pas pour fondement *le contrat;* elle n'a rien de contractuel; la loi de 1898 n'a pas entendu, comme on paraît le supposer, se ranger à la doctrine, jusqu'alors repoussée par la Cour de cassation, d'après laquelle le patron, s'étant obligé par le contrat de travail à restituer l'ouvrier sain et sauf, est responsable de l'accident en vertu des règles générales de la preuve, tant qu'il n'a pas démontré que cet accident ne provient pas de sa faute. Cela tombe sous le sens, puisque le chef d'entreprise est responsable soit des accidents provenant d'un cas fortuit, soit même de ceux qui sont dus à la faute, fût-elle inexcusable, de la victime. C'est dans la loi, et dans la loi seule, qu'est le fondement de la responsabilité, et la loi, comme nous l'avons montré, s'est inspirée de cette considération que le chef d'entreprise a introduit un risque nouveau. Nous rappellerons plus loin que, dans la suite de l'élaboration de la loi, le Parlement a encore été plus loin et a admis la responsabilité de plein droit non pas seulement à raison de l'introduction d'un risque inconnu jusqu'alors, mais aussi à raison de la création d'un établissement industriel, c'est-à-dire à raison de la propriété. Mais ce n'est pas un argument *a fortiori* que nous voulons tirer de la loi de 1898. Il suffit que la

(1) V. Cass., 2 déc. 1901, S. 1902. 1. 181; 27 juill. 1903, S. 1905. 1. 276, et notre *Tr. du contr. de louage*, 3ᵉ éd., t. II, n° 1858.

(2) Nous n'approuvons pas pour cela l'arrêt du 2 déc. 1901, qui, tout en partant du point de vue que nous indiquons, a tort, suivant nous, d'en conclure qu'un ouvrier qui a usé de dol pour se faire engager, n'a pas droit au bénéfice de la loi de 1898. — V. nos notes sous cet arrêt et sous Paris, 28 juill. 1900, S. 1901. 2. 197 et notre *Tr. du contr. de louage*, n° 1876.

première idée inspiratrice de cette loi ait été de mettre la responsabilité des accidents du travail à la charge des chefs d'entreprise qui ont transformé les conditions de l'industrie et rendu ainsi les accidents plus fréquents, pour que le législateur ne puisse refuser, sans se contredire, de rendre également les propriétaires d'automobiles responsables d'accidents qui, si les conditions de la circulation n'avaient pas été changées par leur fait, ne se seraient pas produits.

30. — Devant ces justifications, on ne peut guère craindre qu'une législation spéciale sur les accidents d'automobiles soit de nature à faire présager ou à provoquer une modification radicale du système de nos lois sur la responsabilité civile et la transformation de la responsabilité subjective en responsabilité objective, le remplacement, comme fondement de la responsabilité, de *la faute* par *la propriété*. Si cette législation spéciale peut servir plus tard d'argument, ce ne sera jamais qu'en faveur d'applications nouvelles du principe d'après lequel tout homme venant créer, par son industrie ou par ses agissements, un danger inconnu dans les lieux où l'ensemble des hommes avaient le droit de se trouver ou de circuler sans avoir à redouter ce danger, doit les indemniser du préjudice qu'il leur cause. Mais ce n'est même pas à la législation spéciale sur les accidents d'automobiles qu'on devra l'introduction de ce principe; le principe existe et la législation spéciale n'en constituera qu'une application nouvelle.

31. — Ces observations font comprendre, notamment, pourquoi les accidents de tramways et de chemins de fer ne méritent pas de donner lieu à une législation spéciale et pourquoi le fait que l'opinion publique n'a jamais rien demandé en ce qui les concerne au delà de l'application du droit commun, ne saurait être invoqué contre l'introduction de textes aggravant la responsabilité des automobilistes [1]. En laissant à l'écart les accidents dont sont vic-

____

(1) V. en faveur d'une loi réglant à la fois les accidents de chemins de fer et de tramways et les accidents d'automobiles, les observations de M. Thaller, *Bull. de la Soc. d'études législatives*, 1907, p. 78. Mais v. les ob-

times les personnes mêmes que transportent les chemins de fer et les tramways, — puisque nous ne nous occupons ici que des accidents causés par la rencontre des véhicules — les accidents dus aux chemins de fer ou aux tramways ne méritent pas l'attention du législateur. Loin de faire naître un risque particulier, les chemins de fer et tramways diminuent le risque normal, puisqu'ils circulent sur des voies tracées à l'avance et où le public est coupable de s'engager inconsidérément ou de laisser s'engager sans précautions les animaux qui lui appartiennent. Si les automobiles circulaient sur des routes construites spécialement pour elles, ou si, simplement, il était possible de leur réserver une partie des voies, personne ne songerait à se plaindre des accidents dont leur rencontre serait la cause. Mais les propriétaires d'automobiles se résoudraient, sans doute, beaucoup plus difficilement aux sacrifices pécuniaires que des mesures de cette nature obligeraient l'Administration à leur demander, qu'ils ne se résigneront à accepter une législation aggravant les conditions de leur responsabilité. En tout cas, dans l'état normal des choses, c'est sur les mêmes voies que circulent les piétons et les automobiles; par conséquent, il y a, pour légiférer sur les accidents d'automobiles, des raisons qui n'existent pas en ce qui concerne les chemins de fer et les tramways.

32. — Le tort que ferait cette législation à l'industrie de l'automobile, l'hésitation qu'apporterait le public à acheter des automobiles dont l'usage pourrait l'entraîner à des dommages-intérêts considérables, constituent l'argument principal dirigé non pas seulement contre tous projets aggravant les conditions de la responsabilité, mais encore contre une législation spéciale quelconque. Certains des défenseurs au droit commun ont fourni la réponse : « La loi proposée est juste ou ne l'est pas. Si elle est juste, peu importent les chiffres (1) ». On ne saurait mieux dire : si l'équité ou les principes du droit commencent de rendre les

servations de M. Berthélemy, *Bull. de la Soc. d'études législatives*, 1907, p. 373.

(1) Dupuich, *Rev. polit. et parl.*, févr. 1908, p. 315.

propriétaires d'automobiles responsables des accidents
causés par leurs véhicules, les inconvénients qui en résul-
teraient pour l'industrie de l'automobile seraient regretta-
bles, mais ils ne seraient pas cependant de nature à faire
écarter la réforme.

Au surplus, l'argument ne peut qu'être considéré comme
erroné ; en fait il suffit de rappeler à cet égard les objections qui avaient été, dans tout le cours de l'élaboration de
la loi du 9 avr. 1898, dirigées contre le principe dont cette
loi s'est inspirée. D'illustres économistes, comme Léon Say,
avaient insisté sur l'infériorité dans laquelle l'industrie
française se trouverait placée vis-à-vis des industries étrangères (1). On représentait les petits patrons comme étant par
avance condamnés à la fermeture de leurs ateliers, dans
l'impossibilité où ils se trouveraient de supporter les charges nouvelles (2). La grande et la petite industrie les ont
parfaitement supportées; une légère prime supplémentaire
d'assurance les ont mises à même de faire face, sans augmentation sensible de frais généraux, à la responsabilité
que la loi leur a imposée. L'argument peut donc être considéré comme peu sérieux.

33. — S'il est vrai, comme le soutiennent les automobilistes, que les accidents d'automobiles sont peu nombreux,
il y a là une constatation qui est de nature à diminuer l'importance des objections qui ont été dirigées contre l'institution d'une législation spéciale aux accidents d'automobiles. Car si les accidents sont rares, la responsabilité ne
sera pas fréquemment en jeu et les victimes pourront être
complètement indemnisées sans grand dommage pour les
propriétaires des véhicules.

Aussi la question de savoir si ce sont les accidents causés, par les automobiles, qui dépassent en fréquence les
accidents dus à des voitures à traction animale, ou si au

(1) Séance du 12 mars 1889 au Sénat, *Journ. off.* du 13, Déb. parlem.,
Sénat, p. 231.

(2) Vu les observations de M. Blavier au Sénat, 21 mars 1889, *Journ. off.*
du 22, Déb. parlem., Sénat, p. 293.

contraire ces dernières causent des accidents plus nombreux, nous paraît-elle peu importante.

VII

34. — Rien ne nous semble, en somme meilleur, que le système proposé à la *Société d'études législatives* par la commission dont M. Ambroise Colin a été le rapporteur [1] : l'automobiliste est responsable, en principe, de tout accident causé par la rencontre de son véhicule.

On reproche à ce système d'être une exagération de celui qu'a établi la loi du 9 avr. 1898 : si cette loi aggrave la situation du chef d'entreprise en le rendant responsable dans des cas nouveaux, elle l'améliore en ne l'obligeant à payer qu'une indemnité forfaitaire inférieure en toute hypothèse au montant du dommage. Le risque de propriété et la réduction de l'indemnité sont donc corrélatifs ; ce sont les deux termes d'une transaction entre le régime du droit commun et le système du déplacement des risques. La législation partirait donc d'un point de vue nouveau et injustifiable si elle n'accordait aux propriétaires d'automobiles aucune compensation à l'aggravation des conditions de leur responsabilité [2].

Mais la loi de 1898, comme nous l'avons montré, n'est pas la seule qui applique le principe d'après lequel la responsabilité d'un dommage incombe à la personne qui a introduit dans la société l'élément constitutif du dommage ; la loi de 1810, sur les mines, exige une réparation plus complète. Du reste l'historique de l'article 3 de la loi de 1898, qui introduit le principe de la responsabilité limitée et forfaitaire, montre que le législateur de 1898 n'a pas vu dans la réduction de l'indemnité une compensation du risque professionnel.

C'est plusieurs années après s'être entendu sur le principe du risque professionnel que le Parlement a songé à fixer

---

(1) V. également Colin, *L'automobile et la loi*, p. 20 et s.
(2) Dupuich, *Les accidents d'automobiles*, p. 7.

forfaitairement l'indemnité. Il n'y a pensé qu'en 1890, alors que le fondement du risque professionnel s'était, dans l'esprit des Chambres, complètement modifié. Si, tout d'abord, on avait envisagé ce risque uniquement comme dérivant des conditions nouvelles de l'industrie, cette idée s'était trouvée bientôt accompagnée d'une autre : le risque professionnel fut considéré en grande partie comme ayant pour objet d'assimiler les dommages subis par le personnel aux dommages subis par le matériel et de les faire entrer dans les frais généraux d'une entreprise. C'est pourquoi le domaine du risque professionnel avait été élargi : tandis que dans la première conception du législateur il ne s'appliquait qu'à la grande industrie, il s'étendit, bien avant le vote définitif de la loi, à toutes les industries manufacturières énumérées par l'article 1er, sans en excepter celles où l'exploitation obéit aux mêmes conditions qu'autrefois et s'effectue sans l'aide de machines. Cette tendance s'est encore accentuée en 1906, par l'extension de la loi de 1898 aux entreprises commerciales. Tant que le risque professionnel était regardé comme la conséquence de dangers nouveaux introduits dans le monde des salariés, on n'avait pas songé et on ne pouvait pas songer à restreindre les dommages-intérêts : le chef d'entreprise, étant responsable des accidents pour avoir créé l'élément constitutif de l'accident, devait à la victime une indemnité complète. Du jour où le risque professionnel a été regardé comme une charge nouvelle qu'on faisait subir à une entreprise par la seule raison qu'elle était capable de la supporter et qu'en équité le travail devait être assimilé au capital fixe de l'entreprise, il était naturel que l'indemnité fût limitée et que cette assimilation, contre laquelle des objections sérieuses auraient pu être formulées, ne fût pas complète.

En 1897, un autre argument fut invoqué par la commission de la Chambre en faveur du risque professionnel : c'est qu'il est difficile, dans les conditions modernes de l'industrie, de connaître la cause des accidents. Ceci encore, comme le fait également remarquer le rapport de la commission, justifie la limitation de l'indemnité. « D'après les dernières statistiques, disait-on, 55 0/0 des accidents graves, c'est-à-dire ayant occasionné soit la mort, soit une incapacité permanente absolue, soit une incapacité de plus d'un an, appartiennent à des cas fortuits ou de force majeure; le surplus serait imputable, en parties à peu près égales, à l'entreprise et à l'ouvrier. Dans ces conditions, la fixation de l'indemnité du risque professionnel doit, pour être équitable, résulter d'une transaction ferme » (1).

De son côté, le Sénat, qui, après avoir admis le forfait en 1890, y avait renoncé en 1896, ne s'y rallia qu'avec regret à la veille du vote de la loi; sa commission exprimait la crainte qu'il ne conduisît à des injustices; mais, disait-elle, « nous reconnaissons que le chef d'entreprise aura, par le forfait, l'avantage de connaître exactement les charges que lui impose le risque professionnel. C'est le motif surtout qui a déterminé votre commission (2) ».

En matière d'accidents d'automobiles, il ne peut être question des charges d'exploitation, lesquelles supposent une industrie. D'autre part, si la cause de l'accident reste généralement inconnue, il est du moins un fait certain, c'est que l'accident ne se serait pas produit si la route n'avait pas été employée à des besoins nouveaux : c'est la satisfaction de ces besoins qui a été la première cause du danger.

S'il y a eu une transaction en matière d'accidents du travail, elle est dans la disposition qui maintient, tout en la diminuant, la responsabilité du chef d'entreprise dans le cas d'une faute inexcusable commise par l'ouvrier. Nous n'avons pas à indiquer ici la raison de cette disposition, mais c'est son existence en grande partie qui peut justifier la limitation de la responsabilité. Or, il n'est pas question et il serait souverainement injuste de rendre les propriétaires d'automobiles responsables d'accidents dus à une faute inexcusable de la victime.

35. — Nous ne croyons pas davantage qu'il y ait lieu d'ac-

cepter un système forfaitaire semblable à celui de la loi de 1898
pour le cas où la faute du conducteur ne serait pas démontrée et de réserver l'indemnité complètement réparatrice pour
celui où cette faute serait établie (1). Pour admettre en l'absence de faute démontrée une responsabilité quelconque, il
faut partir de l'idée que le risque créé par le propriétaire de
l'automobile est le fondement de responsabilité. S'il en est
ainsi, on ne voit aucune raison de restreindre la responsabilité en certaines hypothèses et toute distinction proposée
à cet égard serait difficile à justifier.

36. — En sens inverse, une proposition dont a été saisi le
Sénat belge (2), et qui met à la charge des automobilistes une
présomption de faute, élève l'indemnité au double du dommage. Il ne paraît pas probable que cette solution l'emporte
et, de fait, il serait tout à fait injuste qu'un dommage
fût la source d'un enrichissement pour la victime. L'idée,
sans doute, ne serait pas nouvelle dans la législation, puisqu'elle a été appliquée, sur un point spécial, en matière
de mines. Mais, sans parler des raisons particulières qui
expliquent cette dernière solution, elle concerne une hypothèse où le dommage est démontré ; en face d'une responsabilité inhérente à un préjudice qui peut être indépendant
de toute faute imputable à l'auteur de l'accident, la responsabilité du double serait difficile à accepter.

VIII

37. — Étant donné que le propriétaire de l'automobile
serait responsable de plein droit, il reste à savoir par quel-
les preuves il pourrait s'exonérer.

Si on lui permet de se dégager en invoquant le cas fortuit
ou la force majeure, sa responsabilité ne dérive plus que
d'une présomption de faute. Ce serait non pas le droit commun actuel, mais peut-être le droit commun de demain, si
les tendances de la Cour de cassation à rendre chacun res-

(1) V. en faveur de cette distinction, les observations de M. Saleilles, *Bull.
de la Soc. d'études législatives*, 1907, p. 241.

(2) V. *Bull. de la Soc. d'études législatives*, 1907, p. 307 et s.

ponsable, en vertu d'une présomption de faute, des choses qu'il a sous sa garde, se précisent. Mais ce système serait illogique, car ce n'est pas à une présomption de faute que se réfèrent les considérations qui nous ont amené à désirer une législation spéciale en matière de responsabilité des accidents d'automobiles : du moment que la responsabilité du propriétaire se rattache au risque qu'il a créé, le cas fortuit ou la force majeure ne doivent pas l'exonérer ; car ils n'empêchent pas que l'accident ne se fût pas produit si l'automobile n'était pas venue utiliser une voie qui n'était pas faite pour elle. Le cas fortuit ou la force majeure s'opposent à la faute ; ils doivent rester étrangers aux hypothèses où la responsabilité ne dérive pas de la faute. C'est en ce sens, et très justement, que s'est prononcée la commission de la *Société d'études législatives* (1).

38. — Au contraire, il est juste que la victime d'un accident d'automobile n'ait aucune action en indemnité si cet accident s'est produit exclusivement par sa faute. Supposons qu'un piéton, malgré les avertissements d'un conducteur d'automobile, ne se soit pas rangé, qu'une voiture, qui a pris la gauche au lieu de la droite, soit heurtée par une automobile venant en sens inverse, qu'une voiture circulant la nuit sans être munie d'une lanterne soit rencontrée par une automobile. Dans ces hypothèses et dans une multitude d'autres, ce n'est pas à raison du risque nouveau introduit par les automobiles, c'est à raison d'une faute de la victime que l'accident s'est produit ; il aurait pu dans les mêmes circonstances être l'effet de la rencontre du piéton ou de la voiture avec une autre voiture. La responsabilité doit rester à la charge du piéton ou du conducteur de la voiture, qui,

(1) Cependant M. Colin (*L'automobile et la loi*, p. 21) a admis ultérieurement que l'automobiliste pourrait se décharger en prouvant la *force majeure*, dès lors que cette force majeure ne constituerait pas un vice de la machine, car, dans cette dernière hypothèse, l'automobiliste est déjà responsable d'après la jurisprudence actuelle (V. *suprà*, n° 22). — V. également en ce sens, la proposition déposée au Sénat belge. — Cette concession est très recommandable à titre de transaction ; mais, en présence du fondement que nous avons assigné à la responsabilité, nous préférerions ne pas la faire. Au surplus, la distinction entre le cas fortuit et la force majeure est extrêmement délicate en fait ; elle ne manquerait pas de donner lieu à de nombreux procès.

non seulement n'aura pas d'action en indemnité, mais sera lui-même exposé, si l'automobile est endommagée, à une action en indemnité.

C'est donc à tort que les adversaires de toute législation spéciale sur les accidents d'automobiles, reprochent au système qui préconise la responsabilité de plein droit un manque de logique : il faudrait, disent-ils, aller jusqu'au bout, et du moment que les automobilistes sont responsables en vertu du risque de propriété, maintenir leur responsabilité en cas de faute de la victime (1). Peut-être même leur semblerait-il que la logique doit amener à reconnaître la pleine responsabilité du conducteur d'automobile vis-à-vis d'une personne qui se serait volontairement, et pour rechercher la mort, précipitée au-devant d'une automobile. La théorie à laquelle nous nous rangeons est loin de rendre inévitables des solutions de cette nature ; elles sont même en contradiction certaine avec elle. Il n'est pas vrai que « des responsabilités qui dérivent du fait seul de la propriété ne peuvent admettre de tempérament ». D'abord la nécessité d'une responsabilité spéciale des automobilistes ne se rattache pas, suivant nous, au fait seul de la propriété, puisqu'il n'est pas question de faire reposer une responsabilité identique ou analogue sur les propriétaires d'autres objets ; elle a son fondement dans l'introduction d'un risque nouveau sur des routes ou des rues qui ne sont pas faites pour comporter ce risque et, par là même, elle doit disparaître en face d'accidents qui sont dus à toute autre chose qu'à ce risque. Cela est d'autant plus certain, que les rédacteurs de la loi de 1898, qui, dans sa conception originaire, partait du même point de vue, n'ont jamais songé à admettre sans distinction la responsabilité du chef d'entreprise. Il s'agirait même d'un risque de propriété, que la responsabilité ne devrait pas être reconnue sans restriction. Les obligations de voisinage, telles que les a fixées une jurisprudence très copieuse, ne se résument-elles pas en ceci, qu'un propriétaire répond envers ses voisins des dommages que sa propriété leur a

____

(1) Dupuich, *Rev. polit. et parlem.*, févr. 1908, p. 322.

causés? On sait cependant que cette jurisprudence fait une distinction : un propriétaire n'est pas responsable envers ses voisins de tous les dommages que leur cause l'existence ou le mode d'exploitation de sa propriété; il n'en est responsable que s'il use de sa chose d'une manière anormale. Si nous citons cette jurisprudence, qui concerne évidemment une situation très différente de celle qui nous occupe, c'est uniquement pour montrer qu'une responsabilité établie de plein droit à la charge d'une personne, soit comme propriétaire, soit à tout autre titre, n'est pas nécessairement et ne peut même pas être absolue; qu'il y a fatalement des circonstances où elle se trouve supprimée.

Ce n'est donc pas introduire dans la théorie de la responsabilité objective des automobilistes la notion de faute que de la faire disparaître devant une faute des victimes d'accidents; c'est reconnaître simplement que toute responsabilité, même objective, a ses limites, que son fondement, quel qu'il soit, commande de la subordonner à certaines conditions et que, ces conditions faisant défaut, il ne doit plus y avoir de responsabilité.

IX

39. — La question se réduit dès lors à savoir si, pour se dégager de sa responsabilité, l'automobiliste peut se contenter de démontrer la faute simple ou l'imprudence de la victime, ou s'il doit démontrer une faute plus lourde. La première de ces deux solutions, qu'adopte la proposition déposée au Sénat belge, serait en apparence la plus logique; elle seule semble répondre à l'idée que le risque dérivant de la propriété ne doit pas s'appliquer aux hypothèses où l'accident ne se serait pas produit si la victime ne l'avait pas provoqué par ses agissements. En y regardant de près, cela n'est pas suffisant. Car la faute, dans le langage de la jurisprudence, c'est tout fait impliquant l'absence des précautions que, dans l'existence courante, un homme doit prendre. Or, les précautions imposées par la vie sociale ne suffisent pas à préserver des accidents d'automobiles : le piéton qui traverse la rue sans être assuré qu'il ne court aucun risque d'être écrasé, ou le paysan qui laisse ses bestiaux vagabonder à la porte de sa maison en comptant sur leur instinct habituel pour éviter les véhicules ne peut s'en prendre qu'à lui-même d'un accident auquel il devait s'attendre : il a commis une faute. Mais précisément parce que la route n'a pas été créée pour les automobiles, il n'a pu prévoir les accidents auxquels ce mode nouveau de locomotion a donné lieu. Il doit légitimement être tenu des conséquences de sa faute vis-à-vis des automobiles comme vis-à-vis des autres véhicules; mais la faute doit s'apprécier autrement en face des premiers que des seconds, et c'est ce qu'a parfaitement compris le tribunal de l'empire d'Allemagne, dans la décision citée plus haut. Il serait donc juste que la responsabilité des automobilistes cédât uniquement devant la preuve d'une faute lourde commise par la victime, non parce que les actes empêchant la responsabilité doivent s'apprécier autrement en matière d'accidents d'automobiles qu'en toute autre matière, mais parce que les faits supposant la faute dans les cas ordinaires ne la supposent plus nécessairement en cas d'accidents d'automobiles. Dans les hypothèses que nous avons citées plus haut, la faute de la victime se rencontre et la responsabilité doit disparaître. De même, si ces faits sont concomitants avec une faute véritable commise par l'automobiliste, l'indemnité peut être diminuée, puisque, d'après le droit commun, l'accident qui a pour cause, à la fois, la faute de son auteur et celle de sa victime ne donne lieu qu'à des dommages-intérêts mitigés.

La commission de la *Société d'études législatives* remplace la faute lourde par la faute grave, et veut désigner ainsi la faute importante, la faute qui dépasse la faute ordinaire sans confiner cependant, comme la faute lourde, au dol.

40. — C'est là le seul cas où, suivant nous, la responsabilité devrait fléchir. Nous n'assimilerions pas à la faute de la victime la faute d'un tiers (1). Elle doit assurer à l'au-

---

(1) Le projet de la commission de la *Société d'études législatives* est en ce sens. — V. cep. Colin, *op. cit.*, p. 21.

tomobiliste un recours, d'ailleurs facile à exercer souvent,
contre le tiers dont la faute a provoqué l'accident ; mais
elle n'empêche pas que l'accident ne se serait pas produit si l'automobile n'avait pas circulé, et que l'automobiliste doive supporter les conséquences des dangers nouveaux
qu'il fait naître ; le tiers peut être le conducteur d'une autre automobile, il peut avoir pris la fuite ; il serait injuste
de réduire la victime de l'accident à un recours contre lui.
Au reste, dans les rapports entre l'automobile dont la rencontre a causé l'accident, et la victime, le fait d'un tiers
n'est autre chose qu'un cas fortuit ; il ne doit pas avoir des
effets que ne comportent pas les autres cas fortuits.

X

41. — La législation spéciale dont nous venons de parler
ne supprimerait pas tous les inconvénients de la situation
actuelle et les injustices de cette situation n'auront pas disparu tant que la responsabilité civile pourra, en fait, être
évitée par une fuite rapide. Au contraire, toute aggravation
dans les conditions de la responsabilité ne fera que rendre
la fuite plus profitable, et par suite, l'acquittement de l'indemnité plus douteuse. D'autre part, l'insolvabilité de la
personne responsable des accidents d'automobiles met
également obstacle à la réparation.

42. — En présence de ce danger, la commission désignée
par la *Société d'études législatives* a demandé la création
d'un fonds de garantie sur lequel serait payée l'indemnité,
soit en cas d'accident anonyme, soit en cas d'insolvabilité
des personnes responsables. Nous y adhérons entièrement ;
car le fonds de garantie constitue à nos yeux le seul moyen
d'assurer aux victimes d'accidents d'automobiles l'indemnité à laquelle elles ont droit. Alimenté par des cotisations
demandées aux propriétaires d'automobiles — cotisations
sur la nature desquelles on conçoit qu'il puisse y avoir des
divergences [1] — il est l'application, comme toutes les solu-

[1] Le projet de la commission de la *Société d'études législatives* propose
d'alimenter le fonds de garantie par les amendes que ce projet met à la

tions précédentes, du principe d'après lequel les créateurs du risque doivent avoir ce risque à leur charge. Il établit entre les propriétaires d'automobiles une sorte de solidarité subsidiaire, dérivant de ce qu'ayant en commun créé le danger, il est juste qu'ils participent également en commun à la réparation, si l'auteur principal de l'accident parvient à se dérober.

Sans doute le fonds de garantie, dont l'idée première est empruntée à la loi du 9 avr. 1898, aurait, outre le rôle du fonds de garantie institué par cette dernière loi, un autre rôle encore. En dehors des indemnités dues par une personne insolvable, il garantirait les indemnités dues par une personne inconnue [1]. Mais ce serait toujours l'idée de mutualité qui serait à la base de l'institution de ce fonds, et l'on ne voit pas ce qu'elle a de plus choquant dans la seconde hypothèse que dans la première. Elle se justifie dans les deux cas par la même idée, et la justification est tellement spéciale aux accidents d'automobiles que la crainte, exprimée quelquefois, de voir la solidarité étendue à d'autres catégories de débiteurs est purement chimérique. Il est même à remarquer que le seul cas où la proposition belge fasse fonctionner le fonds de garantie est précisément celui où l'auteur de l'accident est inconnu.

43. — On a reproché à ce système d'encourager les accidents fictifs [2]. Comme la réparation sera demandée à une caisse spéciale, la demande n'aura pas de contradicteur, et les fonds seront distribués sans discernement. Comme les enquêtes qui pourront avoir lieu seront faites sans la

charge des occupants d'automobiles qui n'auront pas déclaré un accident, par une cotisation de 50 francs versée par les propriétaires lors de la délivrance du récépissé de déclaration et par des centimes additionnels à la taxe des automobiles, centimes dont le montant sera fixé chaque année d'après le chiffre des indemnités versées l'année précédente sur le fonds de garantie. M. Colin (*L'automobile et la loi*, p. 25) remplace la cotisation fixe par des taxes proportionnées à la force de la machine, ce qui nous paraît plus juste, les dangers d'accidents et les suites de l'accident étant d'autant plus graves que la puissance de l'automobile est plus grande.

(1) V. les observations de M. Paulet, *Bull. de la Soc. d'études législatives*, 1907, p. 301.

(2) V. Dupuich, *Rev. polit. et parlem.*, févr. 1908, p. 311.

présence d'un juge, et que les faux témoignages seront faciles à recueillir, le fonds de garantie servira à indemniser d'une foule d'accidents auxquels l'automobile sera restée étrangère.

Ce qui diminue sensiblement l'importance de cette objection, c'est qu'elle n'a aucune valeur en ce qui concerne les accidents les plus importants, ceux dont sont victimes les personnes; car il n'est pas difficile à un médecin expert de connaître la source d'une lésion corporelle et du reste on ne prétend même pas que la création d'un fonds de garantie fasse autre chose que d'amener une simulation d'accidents pour les bêtes et les choses.

Pour les bêtes et les choses elles-mêmes, le danger paraît bien chimérique. On n'a pas constaté jusqu'à présent que les paysans aient essayé de mettre au compte des automobilistes traversant les campagnes, les accidents dont l'origine est différente. Ils n'essayeront pas davantage de se faire payer par le fonds de garantie une indemnité pour un accident auquel toute automobile serait étrangère en vue d'obtenir une indemnité ordinairement faible. Quel danger y a-t-il qu'ils produisent de faux témoignages? La sévérité de la loi pénale vis-à-vis des faux témoins n'est, du reste, pas plus ignorée à la campagne qu'à la ville, et il n'y a aucune raison de croire que l'enquête puisse être ici moins sérieuse que toutes les autres enquêtes.

44. — Est-il à craindre, comme on le soutient (1), que le conducteur de l'automobile ne soit plus disposé à fuir qu'il ne l'aura jamais été, s'il a la certitude que la victime de l'accident sera remboursée par le fonds de garantie? Nous ne répondrons pas que sa faute sera entravée par les autres conducteurs d'automobiles intéressés à empêcher la dilapidation du fonds de garantie; car les accidents causés par des automobiles aux piétons ne se produiraient pas toujours en présence d'autres automobiles. Mais les fuites d'automobilistes à la suite d'accidents sont assez fréquentes dès aujourd'hui pour que leur augmentation ne paraisse pas très re-

(1) Dupuich, *op. cit.*, p. 312.

doutable. Et quand les auteurs d'accidents s'arrêtent, ce n'est pas sans doute pour assurer une indemnité aux victimes — car c'est généralement à une époque ultérieure et par des intermédiaires que se règlent ces sortes de questions, toujours longues à débattre — mais pour porter secours aux blessés. L'existence du fonds de garantie ne portera sans doute pas atteinte à leurs sentiments d'humanité. Au sur-plus, si l'on se préoccupait de considérations de cette nature, pourquoi n'interdirait-on pas aux propriétaires d'automo-biles de contracter une assurance contre les accidents dont ils sont responsables? Cette assurance ne peut-elle pas éga-lement être considérée comme les déterminant à prendre la fuite? La vérité est que les conducteurs d'automobiles qui prennent la fuite après un accident obéissent à des senti-ments très complexes, et notamment à la crainte de subir une condamnation à indemnité, à celle d'être taxés d'homi-cide par imprudence, à celle d'éprouver des retards ou des ennuis, enfin et surtout à la certitude de l'impunité. La créa-tion d'un fonds de garantie ne peut exercer aucune in-fluence sur ces sentiments, ni par suite sur la conduite qu'ils suggèrent.

45. — L'objection suivante est beaucoup plus sérieuse, sans être décisive : le fonds de garantie, s'il existait, servi-rait nécessairement à réparer les accidents causés par les automobiles dont les propriétaires seraient domiciliés à l'é-tranger, aussi bien que par ceux dont les propriétaires se-raient domiciliés en France. Or, il va sans dire que les pre-miers ne contribueraient pas à créer le fonds de garantie constitué au moyen de prélèvements annuels sur les pro-priétaires. Ce seraient donc les propriétaires français qui payeraient pour les propriétaires étrangers (1).

Tout fonds de garantie entraîne cet inconvénient. Celui qu'a constitué la loi de 1898 sur la responsabilité des acci-dents du travail n'est alimenté que par des chefs d'entre-prises établies en France, puisqu'il s'ajoute à l'impôt des patentes. Or, en présence des termes absolus de la loi, l'in-

(1) Dupuich, *Rev. polit. et parlem.*, févr. 1908, p. 313.

demnité forfaitaire peut être réclamée par tous les ouvriers victimes d'accidents en France, même s'ils sont attachés à une exploitation située à l'étranger [1]. Le fonds de garantie est donc appelé à payer les indemnités dues par des chefs d'entreprise étrangers qui n'ont pas contribué à les alimenter. Cela est en réalité peu grave, car l'immense majorité des automobiles circulant en France appartiennent évidemment à des personnes domiciliées en France.

Au reste, si l'inconvénient devient jamais sérieux, il sera facile de le supprimer, par exemple en exigeant des propriétaires étrangers d'automobiles, au moment ou ils franchiraient la frontière, une taxe dont le montant irait grossir le fonds de garantie [2].

XI

46. — C'est de la même idée que se pénétrait un député, M. Messimy, qui, dans un amendement déposé au cours de la discussion du budget, demandait la création d'un fonds de garantie, alimenté dans chaque département par un impôt sur les propriétaires d'automobiles, et qui servirait à indemniser les victimes d'accidents d'automobiles dont l'auteur serait resté inconnu; les fonds seraient distribués par le préfet, sur l'avis de la commission départementale.

Mais le projet discuté par la *Société d'études législatives* nous paraît incontestablement supérieur. La constitution de fonds départementaux a ce premier inconvénient que dans chaque département les propriétaires d'automobiles seraient solidaires des propriétaires dont les véhicules ne feraient que traverser le département. Or, il y a des départements qui, dans certaines saisons, sont sillonnés d'automobiles appartenant à des propriétaires d'autres départements. Le fonds de garantie, dans les régions des villes d'eaux, serait alimenté par un petit nombre de propriétaires et devrait faire face à des indemnités considérables; il prendrait un développement énorme et injus-

---

(1) V. notre *Tr. du contr. de louage*, 3ᵉ éd., t. II, nᵒ 3392.
(2) Comp. Colin, *op. cit.*, p. 25.

tifiable. Il ne serait pas non plus sans inconvénient de confier la distribution des indemnités au préfet ; car, suivant les circonstances, ce dernier agréerait trop facilement ou trop difficilement les demandes qui lui seraient adressées ; un fonctionnaire d'ordre politique ne présente pas, sur ce point, des garanties suffisantes.

47. — Une proposition beaucoup plus importante est celle qui a été déposée à la Chambre des députés, en déc. 1906, par MM. Besnard et Dauthie et qui ajoute à l'article 1386 du Code civil deux paragraphes, l'un pour déclarer le propriétaire d'une automobile responsable du dommage causé par son véhicule, indépendamment de toute faute personnelle, l'autre pour lui permettre de se dégager en prouvant une faute lourde à la charge de la victime.

Ce sont, à peu de chose près, les idées que nous avons essayé de justifier dans les développements qui précèdent. Sans doute, et on l'a fait justement remarquer [1], les paragraphes qui seraient ainsi ajoutés à l'article 1386 actuel n'ont aucun rapport avec ce dernier. Si l'article 1386 déclare le propriétaire d'un bâtiment responsable du dommage causé par la ruine provenant d'un défaut d'entretien ou du vice de la construction, cette responsabilité n'est en jeu qu'à la condition que le demandeur en dommages-intérêts prouve, d'une part, le vice de la construction ou le défaut d'entretien, d'autre part, la relation entre eux et la ruine ; c'est seulement à la suite de ces preuves qu'il y a contre le propriétaire, non pas, comme on le dit, une présomption de faute, mais une responsabilité de plein droit, qui ne le cède pas à la preuve contraire. Aussi vaudrait-il mieux séparer entièrement du Code civil les règles spéciales concernant la responsabilité en matière d'accidents d'automobiles ; en tout cas, elles se rattacheraient plus facilement à l'article 1384 ou à l'article 1385 qu'à l'article 1386. Mais les critiques de cette nature ont vraiment trop peu d'importance pour mériter qu'on s'y appesantisse.

48. — La Chambre des députés a été saisie en 1906 d'une

____

(1) V. Dupuich, *Les accidents d'automobiles*, p. 10 et s.

proposition toute différente ; elle porte que si le conducteur de l'automobile a causé par sa seule faute un accident mortel ou une incapacité permanente, l'automobile sera saisie et vendue par autorité de justice et le prix affecté par privilège aux dommages-intérêts dus à la victime et aux frais de justice et amendes [1]. C'est la création d'un nouveau privilège, le privilège de la victime de l'accident sur l'outil ou l'instrument de l'auteur de l'accident. On ne voit pas pourquoi l'automobile répondrait par privilège des conséquences d'un accident plutôt que tout autre instrument à l'aide duquel un accident aura été causé, plutôt, par exemple, que la voiture ou l'animal qui, mal menés, auront occasionné un dommage. On ne voit pas non plus pourquoi une distinction est faite entre la mort ou l'incapacité permanente et l'infirmité temporaire, entre les accidents dont sont victimes les êtres humains et ceux qui frappent leur mobilier, leurs immeubles ou leurs animaux. Il est inexplicable aussi que l'automobile doive être, sans distinction d'hypothèse, saisie ou vendue, alors que peut-être le propriétaire de l'automobile offrira à la victime de l'accident une somme suffisante pour l'indemniser entièrement. Par-dessus tout, l'équité ne demande pas que la victime d'un accident d'automobile bénéficie de garanties de paiement qui n'appartiennent pas à d'autres créanciers. Elle exige simplement qu'au point de vue des chances qui lui appartiennent de recouvrer l'indemnité dont elle est créancière, elle ne soit pas dans une situation inférieure aux autres créanciers en général, et aux autres victimes d'accidents en particulier. L'adoption d'une proposition de cette nature serait une diversion d'autant plus fâcheuse qu'elle inspirerait à nos législateurs la conviction erronée d'avoir beaucoup fait pour les victimes d'accidents d'automobiles, lesquelles trouveraient rarement dans le prix de vente de l'automobile la réparation suffisante du préjudice résultant des accidents les plus graves, dans les cas même ou l'automobile ne serait pas détruite ou sérieusement détériorée par l'accident.

____

(1) V. *Revue trimestrielle de droit civil*, 1907, p. 45.

49. — Il n'entre pas dans notre cadre d'étudier la responsabilité pénale en matière d'accident d'automobile. Nous signalerons cependant la proposition qui vient d'être adoptée par la Chambre des députés et qui frappe d'une amende de 16 à 500 francs et de six jours à deux mois de prison les conducteurs de véhicules tentant d'échapper par la fuite à la responsabilité civile ou pénale des accidents qu'ils savent être causés ou occasionnés par le véhicule, sans préjudice de la peine résultant des infractions commises et en ajoutant que si les infractions tombent sous l'application des articles 319 et 320 du Code pénal, relatifs à l'homicide par imprudence et aux coups et blessures involontaires, les peines prononcées par ces articles sont doublées en cas de fuite. On ne peut désapprouver les dispositions qui entreprennent de punir sévèrement les délinquants cherchant à se dérober par la fuite à leur responsabilité. Mais loin de pouvoir tenir lieu des mesures susceptibles de faciliter l'obtention des dommages-intérêts, elles ne font que les rendre plus nécessaires, car si elles doivent avoir pour utilité de réprimer les tentatives de fuite dont l'exécution se sera trouvée entravée ou les fuyards qu'on sera parvenu à retrouver, elles augmentent l'intérêt qu'ont les auteurs d'accident à quitter brusquement, de toute la vitesse de leurs automobiles, le théâtre du sinistre. Plus les peines sont élevées, plus il est à redouter que les délinquants n'essayent d'y échapper en usant du moyen trop simple qui leur appartient de prendre la fuite. En tout cas ce n'est pas émettre une affirmation exagérée que de dire que la création de ce délit spécial ne diminuera pas le nombre des fuites (1).

50. — Il faut en dire autant de la proposition qui prononce la suspension du permis de conduire contre les conducteurs d'automobiles (et aussi, s'ils se trouvent dans la voiture, les propriétaires) qui auront été condamnés pour un accident dû à leur imprudence ou trois fois dans une

____

(1) V. à cet égard les très justes observations de M. Colin, *L'automobile et la loi*, p. 14.

année pour excès de vitesse [1]. La suspension serait remplacée par la déchéance absolue en cas de récidive [2]. Cette proposition poursuit le but louable d'enlever la faculté de créer un danger à ceux qui se seront montrés incapables de se maîtriser. Peut-être même est-elle un peu sévère en frappant d'une interdiction momentanée les chauffeurs ou propriétaires qui auront été une seule fois condamnés pour un accident. En tout cas elle mérite d'être approuvée en elle-même. Mais elle donne aux conducteurs d'automobiles une raison supplémentaire pour échapper par la fuite aux conséquences de leur faute, et par conséquent elle appelle à sa suite l'organisation de moyens de prémunir les victimes d'accidents contre des inconvénients que cette fuite produit pour eux.

51. — Une proposition plus modeste, qui vient d'être déposée à la Chambre, ajoute à l'article 59 du Code de procédure une disposition ainsi conçue : « Toute action résultant de la responsabilité civile d'un conducteur ou un propriétaire d'automobile à raison d'un accident causé par le véhicule qu'il conduit ou qui lui appartient sera portée soit devant le tribunal du domicile du défendeur soit devant le tribunal du lieu de l'accident ». Rien n'est plus juste, et nous ne voyons même pas pourquoi on n'étendrait pas cette solution aux accidents causés par toutes les espèces de véhicules ou par les animaux. Le principe d'après lequel les actions doivent, en matière civile, être portées devant le tribunal du domicile du défendeur n'a rien d'intangible; les textes y ont dérogé toutes les fois qu'ils y ont vu des avantages. Le domicile de l'auteur d'un accident est souvent difficile à connaître pour la victime et il peut s'élever sur ce point des débats qui retarderont la solution du litige. En outre, et par-dessus tout, les auteurs d'accident spéculent quelquefois sur l'hésitation qu'éprouvent les victimes,

---

(1) Le ministre des Travaux publics est, paraît-il, sur le point de déposer un projet portant que *le tribunal* peut prononcer le retrait des permis de conduire dans le cas d'infraction aux lois et décrets sur la circulation.

(2) V. *Revue* de 1907, p. 452.

souvent pauvres ou illettrées, à constituer avoué dans une localité d'où elles sont éloignées.

XII

52. — En tout cas tout le monde a le sentiment, sinon *qu'il y a quelque chose à faire*, tout au moins *que quelque chose sera fait*. La voie dans laquelle s'engagent les législations étrangères sera, avec le développement constant de l'automobilisme et la multiplication des accidents anonymes, nécessairement suivie, sous l'influence des mécontentements croissants, par la législation française. Il est peut-être prudent de ne pas attendre, pour étudier à fond la responsabilité civile en matière d'accidents d'automobiles, qu'une surexcitation momentanée provoque des mesures draconiennes. Les difficultés extrêmes de la question et la divergence des intérêts qui sont en cause, loin de justifier un ajournement de la solution, nous paraissent rendre vivement désirable une discussion législative approfondie.

IMPRIMERIE
CONTANT-LAGUERRE

BAR-LE-DUC